Impressum
Verlag: BABADADA GmbH, Nedderfeld 112 , 22529 Hamburg
Geschäftsführer / Verlagsleitung: Harald Hof
Druck: Books on Demand GmbH, In de Tarpen 42, 22848 Norderstedt

Imprint
Publisher: BABADADA GmbH, Nedderfeld 112 , 22529 Hamburg, Germany
Managing Director / Publishing direction: Harald Hof
Print: Books on Demand GmbH, In de Tarpen 42, 22848 Norderstedt, Germany

de School

učiona
de Klassenstuuv

deliti
delen

186/2

školsko dvorište
de Schoolhoff

ploča
de Tafel

nastavnik
de Schoolmeester

papir
dat Papeer

pisati
schrieven

hemijska olovka
de Sticken

pisaći stol
de Schrievdisch

lenjir
dat Lienholt

knjiga
dat Book

učenik
de Schöler

torba
de Ranzel

pernica
de Feddermapp

grafitna olovka
de Bleesticken

šiljilo za olovke
de Scharpmaker

gumica za brisanje
dat Radeergummi

blok za crtanje
de Tekenblock

crtež

de Teken

kist

de Pinsel

kutija sa bojama

de Malkassen

makaze

de Scheer

lepilo

de Klever

beležnica

dat Heft to'n Öven

domaći zadatak

de Huusopgaav

broj

de Tall

sabirati

tohooptellen

oduzimati

aftrecken

množiti

malnehmen

računati

reken

slovo

de Bookstaav

abeceda

dat ABC

reč

dat Woort

tekst

de Text

čitati

lesen

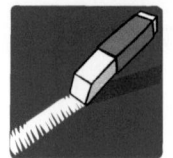

kreda

de Kried

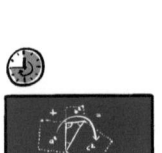

čas

de Stunn

dnevnik

dat Klassenbook

ispit

de Pröven

svedočanstvo

dat Tüügnis

školska uniforma

de Schooluniform

obrazovanje

de Utbillen

leksikon

dat Nakieksel

univerzitet

de Universität

mikroskop

dat Mikroskop

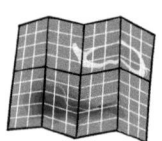

karta

de Koort

košara za papir

de Papeerkorf

putovanje
de Törn

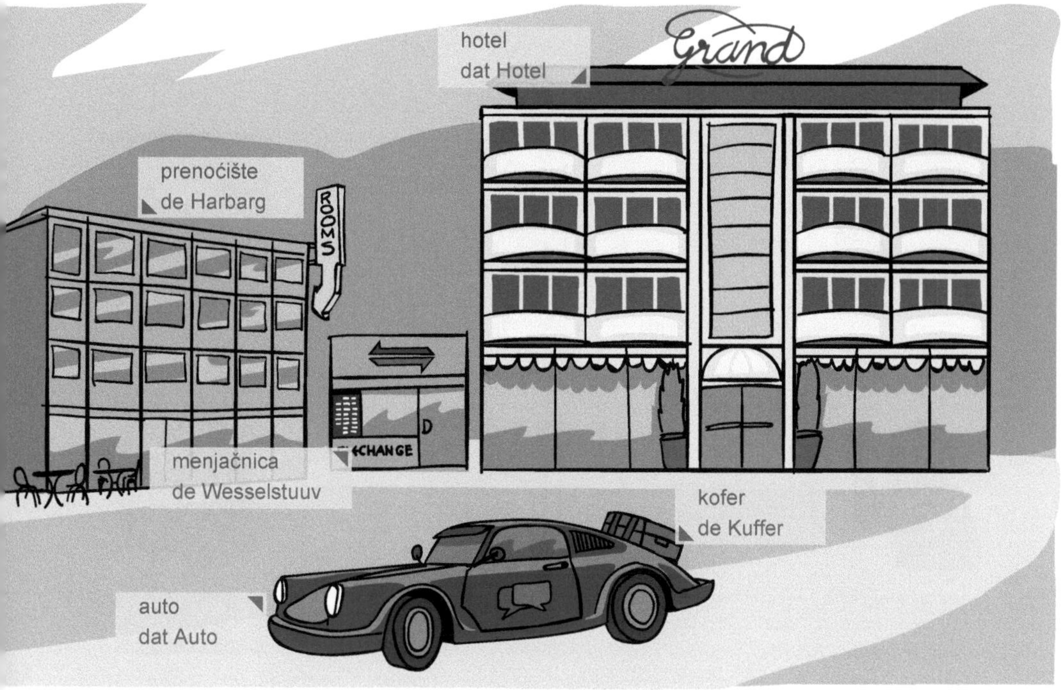
hotel
dat Hotel
Grand
prenoćište
de Harbarg
ROOMS
menjačnica
de Wesselstuuv
kofer
de Kuffer
auto
dat Auto

jezik

de Spraak

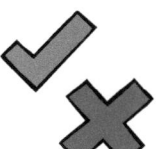

da / ne

jo / ne

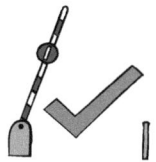

okej

Jo

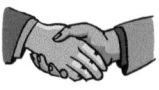

zdravo

Moin

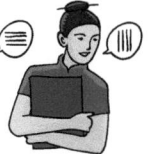

prevodilac

de Översetter

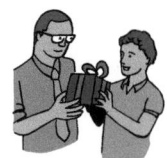

hvala

Dank ok

Koliko košta...?

Wat kost...?

ne razumem

Ik verstah nich

problem

dat Problem

dobro veče!

Goden Avend

Dobro jutro!

Moin!

Laku noć!

Gode Nacht!

doviđenja

Tschüüs

smer

de Richt

prtljaga

de Bagaasch

torba

de Tasch

ruksak

de Rüchsack

gost

de Gast

soba

de Stuuv

vreća za spavanje

de Slaapsack

šator

dat Telt

turističke informacije

de Touristeninformatschoon

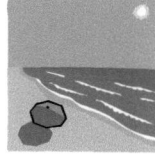

plaža

de Strand

kreditna kartica

de Kreditkoort

doručak

dat Fröhstück

ručak

dat Meddageten

večera

dat Avendeten

karta za vožnju

de Fohrkort

lift

de Fohrstohl

poštanska markica

de Breefmark

granica

de Grenz

carina

de Toll

ambasada

de Bottschop

viza

dat Visum

pasoš

de Pass

transport
de Transport

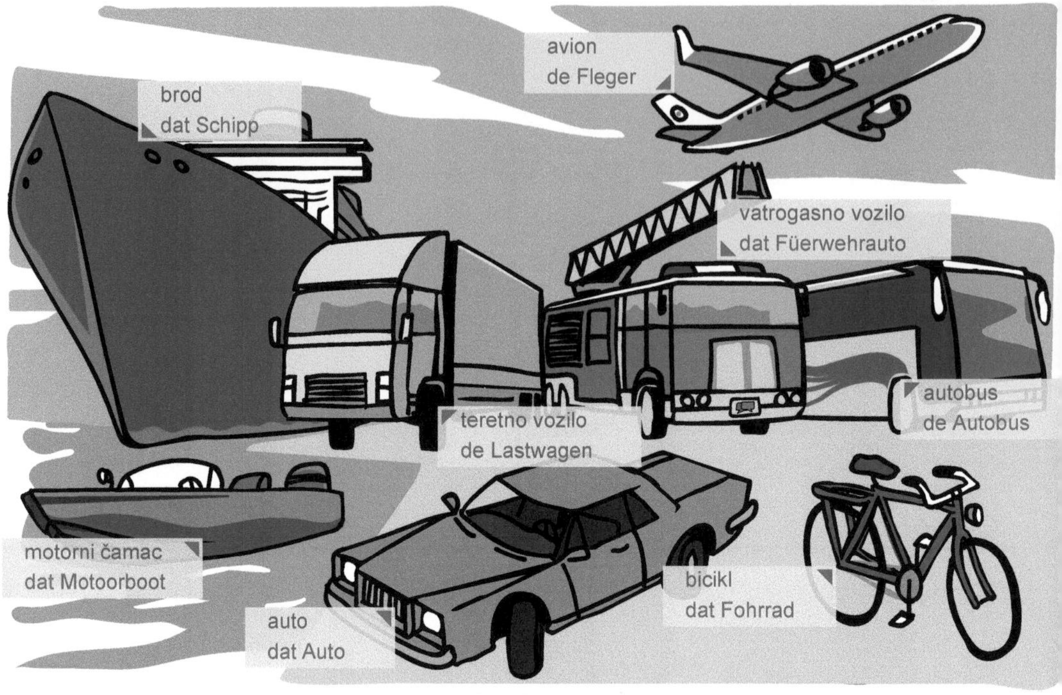
avion
de Fleger
brod
dat Schipp
vatrogasno vozilo
dat Füerwehrauto
autobus
de Autobus
teretno vozilo
de Lastwagen
motorni čamac
dat Motoorboot
bicikl
dat Fohrrad
auto
dat Auto

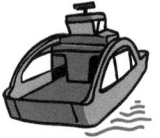

trajekt

de Fähr

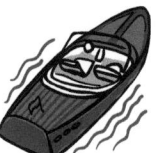

čamac

dat Boot

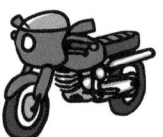

motocikl

dat Motoorrad

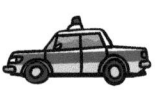

policijski auto

dat Polizeiauto

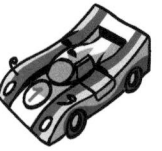

trkaći auto

dat Rönnauto

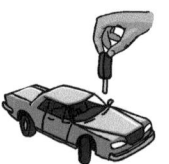

iznajmljeno auto

de Lehnwagen

delenje automobila

dat Carsharing

vučno vozilo

de Afsleepwagen

vozilo za odvoz smeća

dat Müllauto

motor

de Motoor

benzin

de Kraftstoff

benzinska stanica

de Tanksteed

saobraćajni znak

dat Verkehrsschild

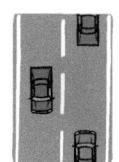

saobraćaj

de Verkehr

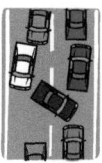

zastoj

de Stau

parkiralište

de Afstellplatz

železnička stanica

de Bahnhoff

šine

de Sporen

voz

de Tog

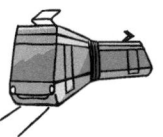

tramvaj

de Stratenbahn

vagon

de Wagon

helikopter

de Dwarsmöhl

aerodrom

de Flooghaven

kula

de Tower

putnik

de Fohrgast

kontejner

de Grootkist

karton

de Karton

kolica

de Koor

korpa

de Korf

uzleteti / sleteti

starten / lannen

grad

de Stadt

selo

dat Dörp

centar grada

de Binnenstadt

kuća

dat Huus

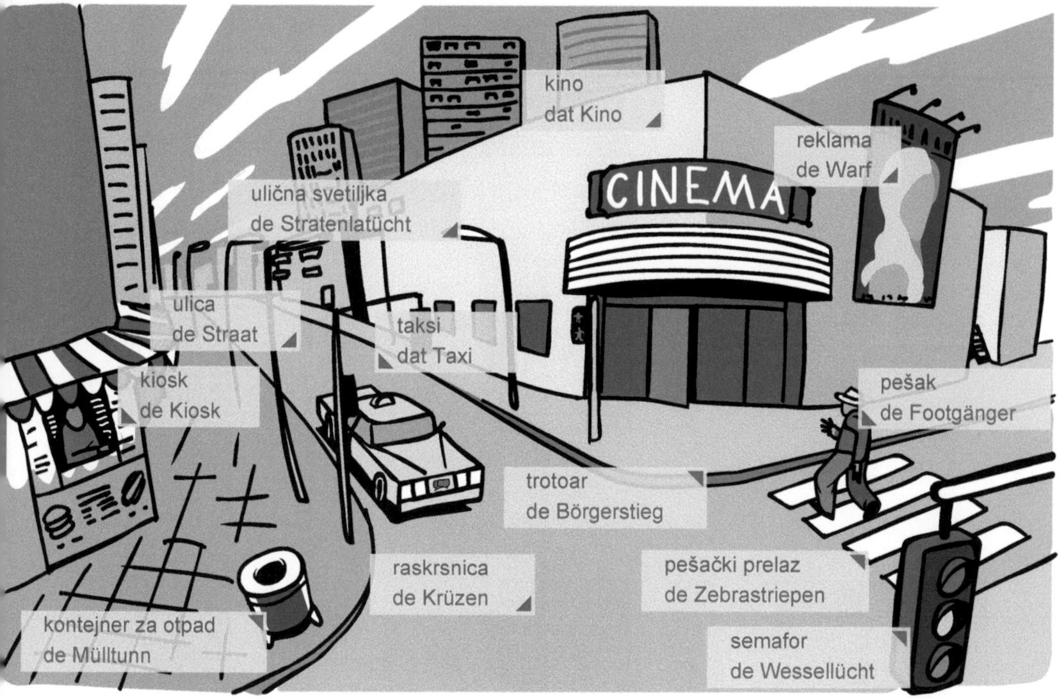

kino
dat Kino

reklama
de Warf

ulična svetiljka
de Stratenlatücht

CINEMA

ulica
de Straat

taksi
dat Taxi

kiosk
de Kiosk

pešak
de Footgänger

trotoar
de Börgerstieg

raskrsnica
de Krüzen

pešački prelaz
de Zebrastriepen

kontejner za otpad
de Mülltunn

semafor
de Wessellücht

koliba

de Hütt

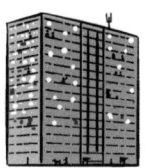

stan

de Wahnung

železnička stanica

de Bahnhoff

većnica

dat Raathuus

muzej

dat Museum

škola

de School

univerzitet

de Universität

banka

de Bank

bolnica

dat Krankenhuus

hotel

dat Hotel

apoteka

de Afteek

kancelarija

dat Büro

knjižara

de Bookhökerie

prodavnica

de Hökerie

cvećara

de Blomenhökerie

supermarket

de Supermarkt

trg

de Markt

robna kuća

dat Koophuus

ribarnica

de Fischhökerie

trgovački centar

dat Inkoopszentrum

luka

de Haven

park
de Parkanlaag

klupa
de Bank

most
de Brüch

stepenice
de Trepp

podzemna železnica
de Ünnergrundbahn

tunel
de Tunnel

autobuska stanica
de Busstoppsteed

bar
de Bar

restoran
dat Spieslokal

poštansko sanduče
de Breefkassen

ulični znak
dat Stratenschild

parkirni automat
de Parkklock

zoološki vrt
de Deertenpark

bazen
de Baadanstalt

džamija
de Moschee

seosko gazdinstvo

de Buernhoff

zagađenje okoline

de Ümweltversmudden

groblje

de Karkhoff

crkva

de Kark

igralište

de Speelplatz

hram

de Tempel

pejsaž
de Landschop

list
dat Blatt

putokaz
de Wiespahl

put
de Weg

livada
de Wisch

kamen
de Steen

drvo
de Boom

šetač
de Wannerer

reka
de Fluss

trava
dat Gras

cvijet
de Bloom

dolina

dat Daal

planina

de Barg

jezero

de See

šuma

dat Holt

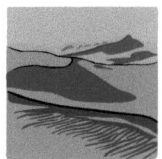

pustinja

de Wööst

vulkan

de Füerspien Barg

dvorac

dat Slott

duga

de Regenbagen

gljiva

de Poggenstohl

palma

de Palm

moskito

de Steekmück

muva

de Fleeg

mrav

de Miegeemk

pčela

de Imm

pauk

de Spinn

buba

de Sebber

žaba

de Pogg

veverica

de Katteker

jež

de Swienegel

zec

de Haas

sova

de Uul

ptica

de Vagel

labud

de Swaan

divlja svinja

dat Wildswien

jelen

de Hirsch

los

de Elk

nasip

de Staudamm

vetrenjača

dat Windrad

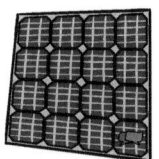

solarna ploča

dat Solarmodul

klima

dat Klima

restoran
dat Spieslokal

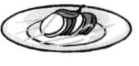

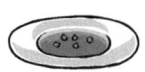

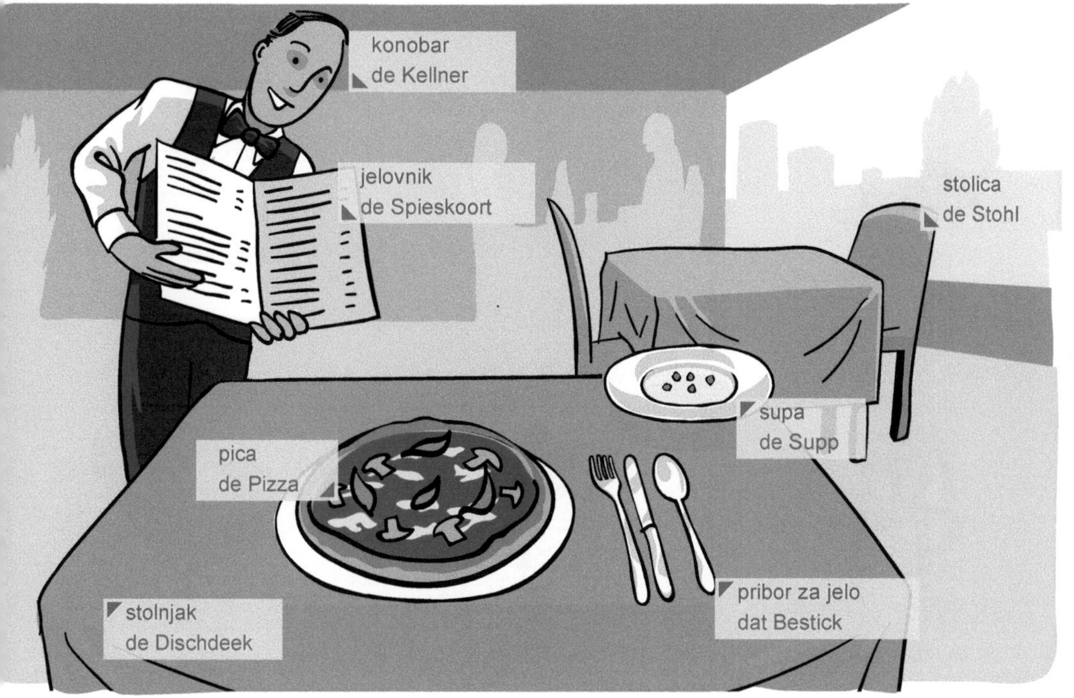
konobar
de Kellner
jelovnik
de Spieskoort
stolica
de Stohl
supa
de Supp
pica
de Pizza
stolnjak
de Dischdeek
pribor za jelo
dat Bestick

predjelo

de Vörspies

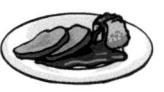

glavno jelo

dat Haupteten

desert

de Nadisch

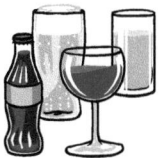

napitci

de Drünk

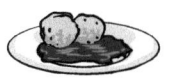

jelo

dat Eten

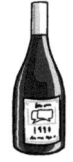

flaša

de Buddel

brza hrana

dat Fastfood

imbis hrana

dat Strateneten

čajnik

de Teekann

doza za šećer

de Zuckerdoos

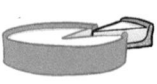

porcija

de Portschoon

aparat za espresso

de Espressomaschien

visoka stolica

de Hoochstohl

račun

de Reken

poslužavnik

dat Tablett

nož

dat Mess

viljuška

de Gavel

kašika

de Lepel

čajna kašika

de Teelepel

salveta

dat Munddook

čaša

dat Glas

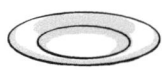

tanjir

de Töller

tanjir za supu

de Suppentöller

tanjirić

de Ünnertass

sos

de Sooß

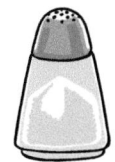

soljenka

de Soltstreuer

mlin za biber

de Pepermöhl

sirće

de Etig

ulje

dat Ööl

začini

de Krüder

kečap

de Ketchup

senf

de Mostrich

majoneza

de Mayonnaise

supermarket

de Supermarkt

ponuda
dat Anbott
FOR
kupac
de Kunn
mlečni proizvodi
de Melkprodukten
voće
dat Aaft
kolica za kupovinu
de Inkoopswagen

BUTCHERS

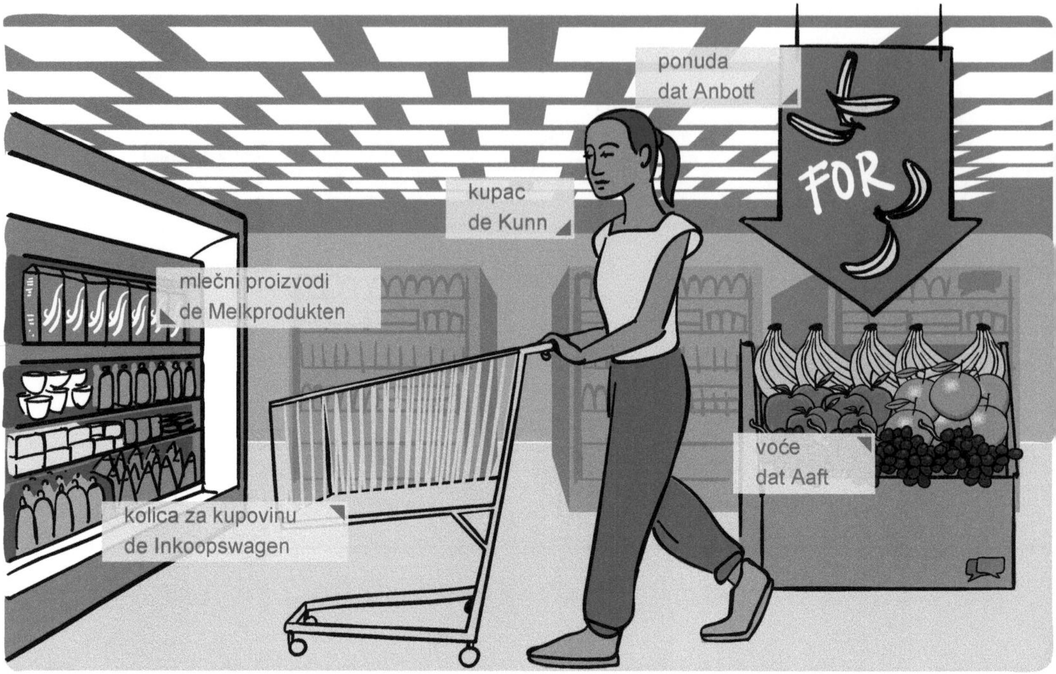

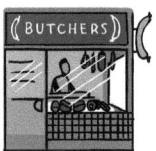

mesnica

de Slachterie

BAKERY

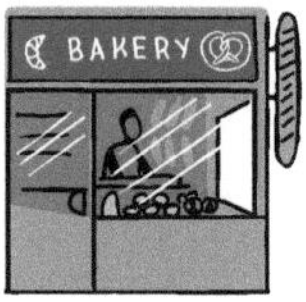

pekara

de Bäckerie

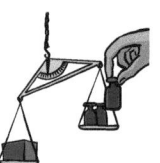

vagati

wegen

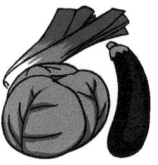

povrće

de Gröönsaken

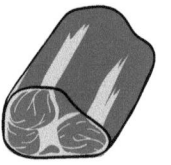

meso

dat Fleesch

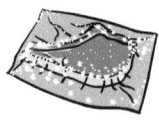

smrznuta hrana

de Deepköhlkost

narezak

de Opsnitt

konzerve

de Konserven

sredstvo za pranje

de Waschmiddel

slatkiši

de Snoopkraam

artikli za domaćinstvo

de Huushooltssaken

sredstva za čišćenje

de Reinmaaktüüch

prodavačica

de Verköpersche

blagajna

de Kass

blagajnik

de Kasserer

lista za kupovinu

de Inkoopslist

vreme rada

de Opsparrtieden

novčanik

de Breeftasch

kreditna kartica

de Kreditkoort

torba

de Tasch

plastična kesa

de Plastiktüüt

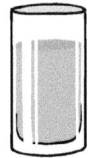

voda

dat Water

sok

de Saft

mleko

de Melk

kola

de Cola

vino

de Wien

pivo

dat Beer

alkohol

de Spriet

kakao

de Kakao

čaj

de Tee

kava

de Koffie

espresso

de Espresso

cappuccino

de Cappucino

banana

de Banaan

jabuka

de Appel

narandža

de Appelsien

lubenica

de Meloon

limun

de Zitroon

šargarepa

de Wöttel

beli luk

de Knuuvlook

bambus

de Bambus

luk

de Zibbel

gljiva

de Poggenstohl

orašasti plodovi

de Nööt

rezanci

de Nudeln

špagete

de Spaghetti

riža

de Ries

salata

de Salat

pomfrit

de Pommes frites

pečeni krumpir

de Braadkantüffeln

pica

de Pizza

hamburger

de Hamborger

sendvič

dat Sandwich

šnicla

dat Snitzel

šunka

de Schinken

salama

de Salami

kobasica

de Wust

kokoš

dat Hohn

pečenje

de Braden

riba

de Fisch

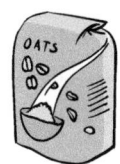

zobene pahuljice

de Haverflocken

musli

dat Müsli

kukuruzne pahuljice

de Cornflakes

brašno

dat Mehl

kroasan

de Croissant

pecivo

dat Rundstück

hleb

dat Broot

toast

dat Toast

keksi

de Keksen

maslac

de Botter

sveži sir

de Quark

kolač

de Koken

jaje

dat Ei

jaje na oko

dat Spegelei

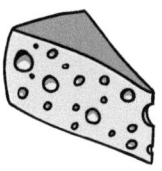

sir

de Kees

sladoled

de Ies

šećer

de Zucker

med

de Honnig

marmelada

de Marmelaad

nugat krema

de Nougat-Creme

kari

dat Curry

seosko gazdinstvo
de Buernhoff

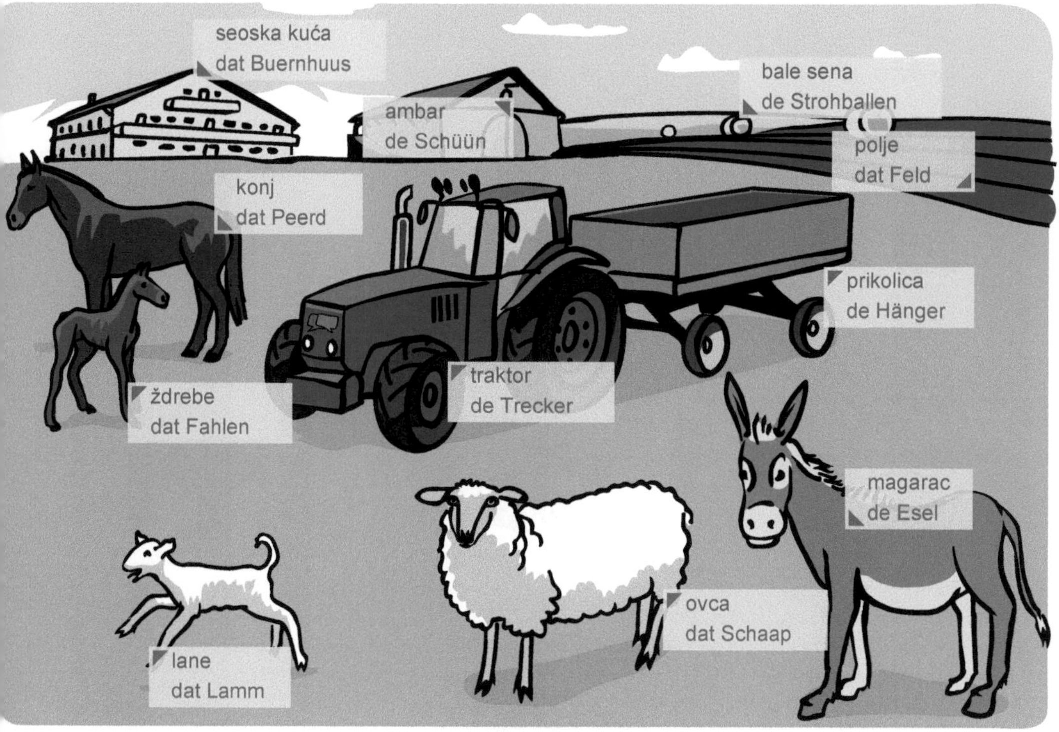
seoska kuća
dat Buernhuus
ambar
de Schüün
bale sena
de Strohballen
polje
dat Feld
konj
dat Peerd
prikolica
de Hänger
traktor
de Trecker
ždrebe
dat Fahlen
magarac
de Esel
ovca
dat Schaap
lane
dat Lamm

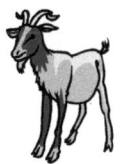

koza

de Zeeg

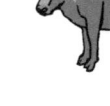

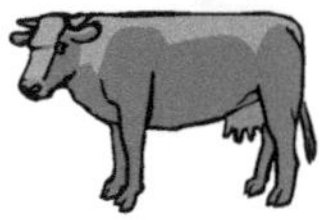

krava

de Koh

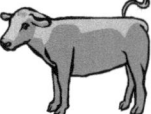

tele

dat Kalf

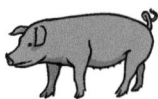

svinja

dat Swien

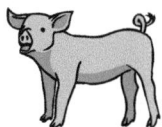

prase

dat Farken

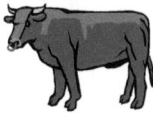

bik

de Bull

guska

de Goos

patka

de Aant

pilići

dat Küken

kokoš

dat Hohn

petao

de Hahn

pacov

de Rott

mačka

de Katt

miš

de Muus

vol

de Oss

pas

de Hund

kućica za psa

de Hunnenhütt

vrtno crevo

de Goornslauch

kanta za polivanje

de Geetkann

kosa

de Lee

plug

de Ploog

srp

de Sich

motika

de Hack

viljuška za đubrivo

de Mestfork

sekira

de Ext

tačke

de Schuufkoor

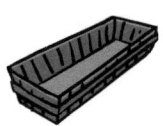

korito

de Trog

posuda za mleko

de Melkkann

vreća

de Sack

ograda

de Tuun

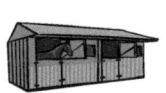

štala

de Stall

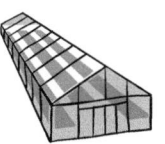

staklenik

dat Drievhuus

zemlja

de Bodden

seme

de Saat

đubrivo

de Dünger

kombajn

de Meihdöscher

žeti

oornen

žetva

de Oorn

jams začin

de Yamswöttel

pšenica

de Weten

soja

dat Soja

krumpir

de Kantüffel

kukuruz

de Törksche Weten

uljana repica

de Rapp

voćka

de Aaftboom

gomolj manioke

de Troopsch Kantüffel

žitarice

dat Koorn

kuća
dat Huus

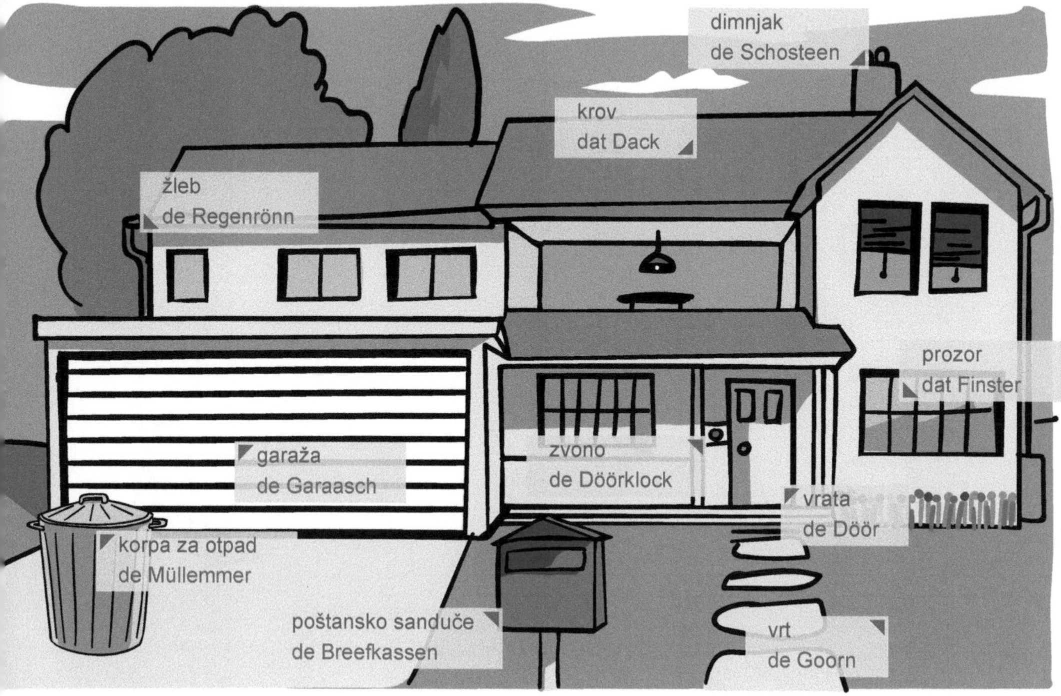
dimnjak
de Schosteen
krov
dat Dack
žleb
de Regenrönn
prozor
dat Finster
garaža
de Garaasch
zvono
de Döörklock
vrata
de Döör
korpa za otpad
de Müllemmer
poštansko sanduče
de Breefkassen
vrt
de Goorn

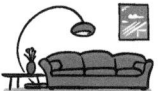

dnevna soba

de Wahnstuuv

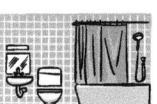

kupaonica

de Baadstuuv

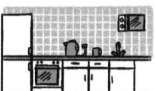

kuhinja

de Köök

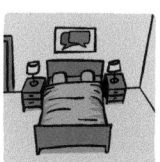

spavaća soba

de Slaapstuuv

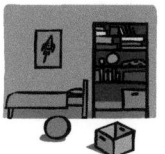

dečija soba

de Kinnerstuuv

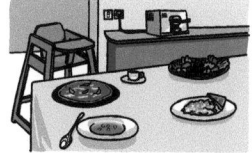

trpezarija

de Eetstuuv

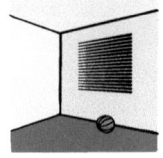

pod
de Footbodden

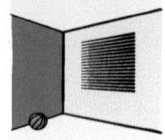

zid
de Wand

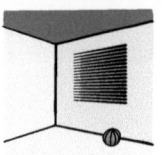

strop
de Deek

podrum
de Keller

sauna
dat Hittluftbad

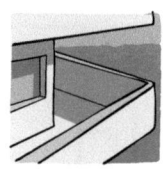

balkon
de Balkon

terasa
de Terrass

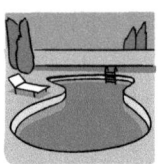

bazen
dat Swümmbad

kosilica za travu
de Rasenmeiher

posteljina za krevet
de Bettbetog

deka za krevet
de Bettdeek

krevet
de Puuch

metla
de Bessen

kanta
de Emmer

prekidač
de Schalter

dnevna soba
de Wahnstuuv

tapeta
de Tapeet
slika
dat Bild
svetiljka
de Lamp
regal
dat Regal
ormar
dat Schapp
televizija
de Kiekkassen
kamin
de Kamin
cvijet
de Bloom
jastuk
dat Küssen
kauč
dat Sofa
vaza
de Vaas
daljinski upravljač
de Feernbedenen

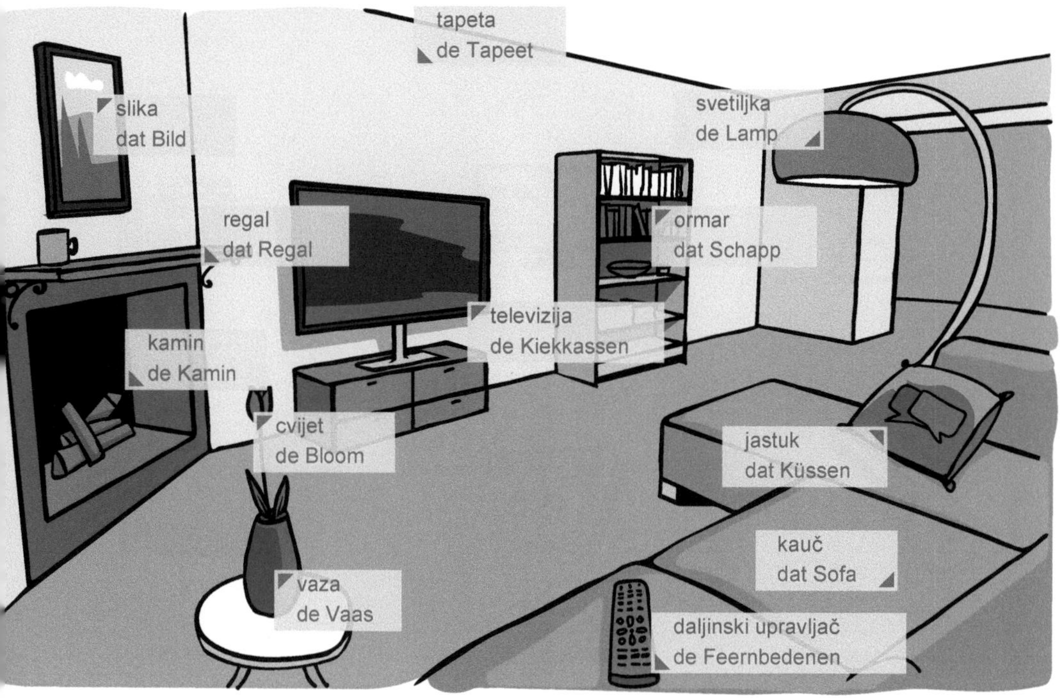

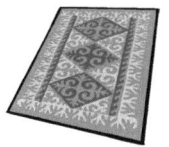

tepih
de Teppich

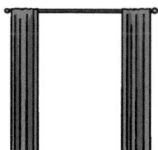

zavesa
de Vörhang

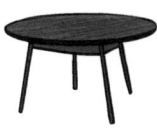

sto
de Disch

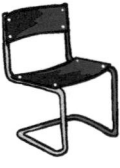

stolica
de Stohl

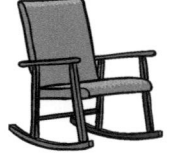

stolica za njihanje
de Schuckelstohl

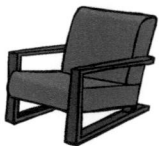

fotelja
de Sessel

knjiga

dat Book

deka

de Deek

dekoracija

de Dekoratschoon

drvo za ogrev

dat Füerholt

film

de Film

hi-fi uređaj

de Stereoanlaag

ključ

de Slötel

novine

dat Narichtenblatt

slika na platnu

dat Gemälde

poster

dat Poster

radio

dat Radio

blok za pisanje

de Opschrievblock

usisivač

de Huulbessen

kaktus

de Kaktus

sveća

de Kars

kuhinja
de Köök

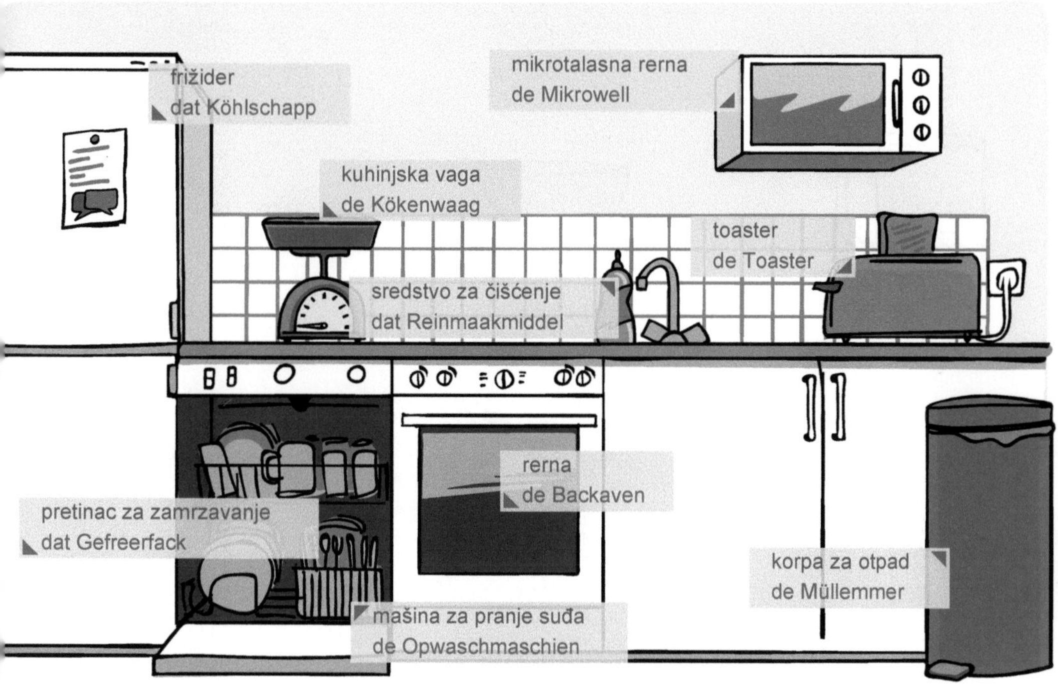
frižider
dat Köhlschapp
mikrotalasna rerna
de Mikrowell
kuhinjska vaga
de Kökenwaag
toaster
de Toaster
sredstvo za čišćenje
dat Reinmaakmiddel
rerna
de Backaven
pretinac za zamrzavanje
dat Gefreerfack
korpa za otpad
de Müllemmer
mašina za pranje suđa
de Opwaschmaschien

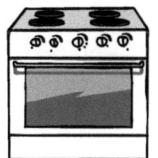

šporet
de Heerd

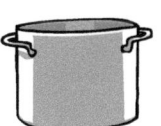

lonac
de Pott

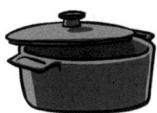

gvozdeni lonac
de Gussiesern Putt

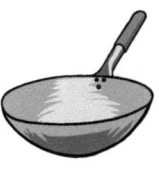

wok / kadai
de Wok / Kadai

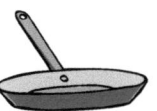

tava
de Pann

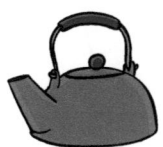

kuvalo za vodu
de Waterkaker

kuvalo na paru

de Dampkaakputt

lim za pečenje

dat Backblick

posuđe

dat Geschirr

čaša

de Beker

posuda

de Schaal

štapići za jelo

de Eetsticken

kutlača

de Suppenkell

lopatica

de Pannenwenner

penjača

de Sneebessen

sito za kuvanje

dat Kaakseef

sito

dat Seef

ribež

de Riev

mužar

de Mörser

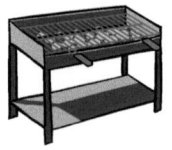

roštilj

de Grill

ognjište

de Füerstell

daska

dat Sniedbrett

oklagija

dat Nudelholt

vadičep

de Proppentrecker

konzerva

de Doos

otvarač konzervi

de Dosenaapner

krpa za lonac

de Pottlappen

sudoper

dat Waschbecken

četka

de Böst

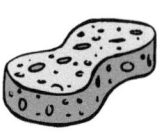

sunđer

de Swamm

mikser

de Mixer

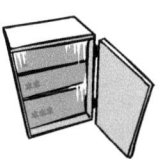

zamrzivač

dat Iesschapp

flašica za bebe

de Nuckelbuddel

slavina za vodu

de Waterhahn

kupaonica
de Baadstuuv

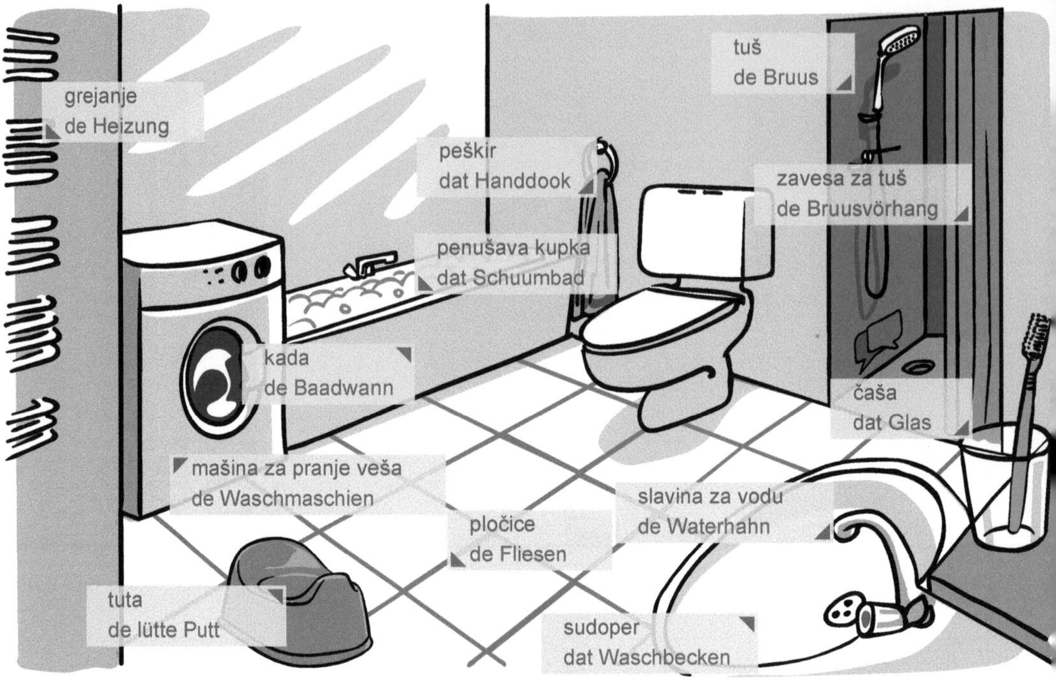

tuš
de Bruus
grejanje
de Heizung
peškir
dat Handdook
zavesa za tuš
de Bruusvörhang
penušava kupka
dat Schuumbad
kada
de Baadwann
čaša
dat Glas
mašina za pranje veša
de Waschmaschien
slavina za vodu
de Waterhahn
pločice
de Fliesen
tuta
de lütte Putt
sudoper
dat Waschbecken

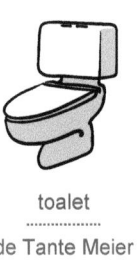

toalet

de Tante Meier

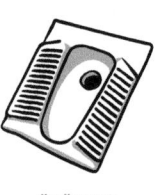

čučavac

de Hockklo

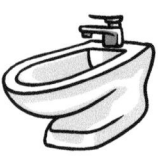

bidet

dat Bidet

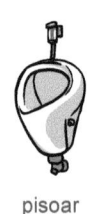

pisoar

dat Miegbecken

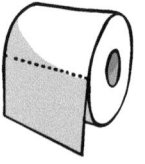

toaletni papir

dat Klopapeer

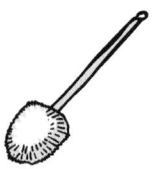

četka za toalet

de Kloböst

četkica za zube

de Tähnböst

pasta za zube

de Tähnpast

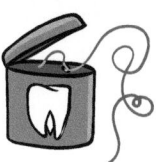

konac za zube

de Tähnsied

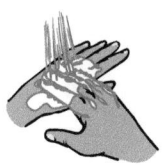

prati

waschen

tuš ručica

de Handbruus

tuš za pranje intimnih delova

de Intimbruus

lavor

de Waschschöttel

četka za pranje leđa

de Rüchböst

sapun

de Seep

gel za tuširanje

dat Bruusgeel

šampon

dat Hoorwaschmiddel

krpa za pranje

de Waschlappen

odvod

de Afloop

krema

de Creme

dezodorans

dat Deodorant

ogledalo

de Spegel

kozmetičko ogledalo

de Kosmetikspegel

brijač

de Raserer

pena za brijanje

de Raseerschuum

losion za posle brijanja

dat Raseerwater

češalj

de Kamm

četka

de Böst

fen za kosu

de Hoordröger

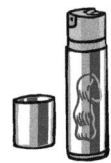

sprej za kosu

dat Hoorspray

makeup

de Smink

ruž za usne

de Lippensticken

lak za nokte

de Nagellack

vata

de Watt

makaze za nokte

de Nagelscheer

parfem

dat Rüükwater

kozmetička torbica
de Kulturbüdel

stolica
de Schemel

vaga
de Waag

ogrtač
de Baadmantel

rukavice za čišćenje
de Gummihanschen

tampon
de Tampon

uložak
de Damenbinn

hemijski toalet
dat Chemieklo

dečija soba
de Kinnerstuuv

budilnik
de Wecker
plišana igračka
dat Knudeldeert
auto igračka
dat Speeltüüchauto
zvečka
de Klöter
kućica za lutke
dat Poppenhuus
poklon
dat Geschenk

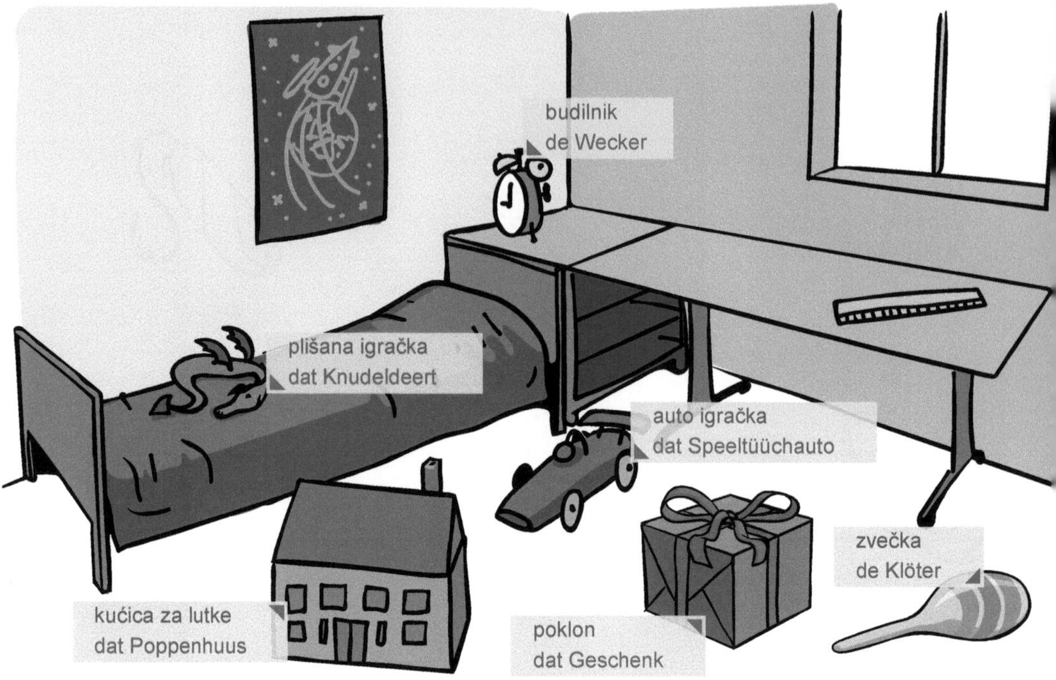

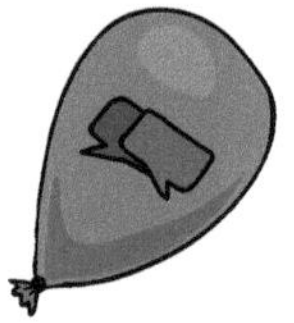

balon
de Luftballon

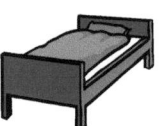

krevet
de Puuch

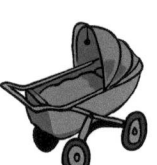

dječija kolica
de Kinnerwagen

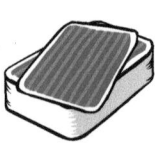

igra s kartama
dat Koortenspeel

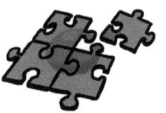

slagalica
dat Puzzle

SUPER
MEGA

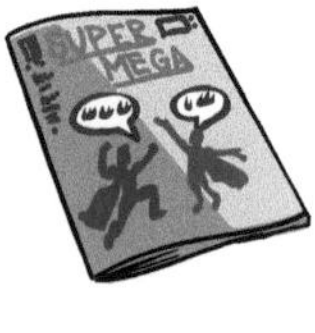

strip
de Billergeschicht

lego kockice

de Legostenen

kockice za slaganje

de Bustenen

akcioni junak

de Action-Figur

benkica za bebe

de Strampelantog

frizbi

de Frisbeeschiev

viseće igračke

dat Mobile

društvene igre

dat Brettspeel

kocka

de Wörpel

minijaturna željeznica

de Modelliesenbahn

duda

de Snuller

zabava

de Party

slikovnica

dat Billerbook

lopta

de Ball

lutka

de Popp

igrati

spelen

pješčanik

de Sandkassen

ljuljačka

de Schuckel

igračka

dat Speeltüüch

konzola za igre

de Speelkonsool

tricikl

dat Dreerad

tedi

de Teddyboor

ormar

dat Klederschapp

odeća

dat Tüüch

kratke čarape

de Socken

čarape

de Strümp

hulahopke

de Strumpbüx

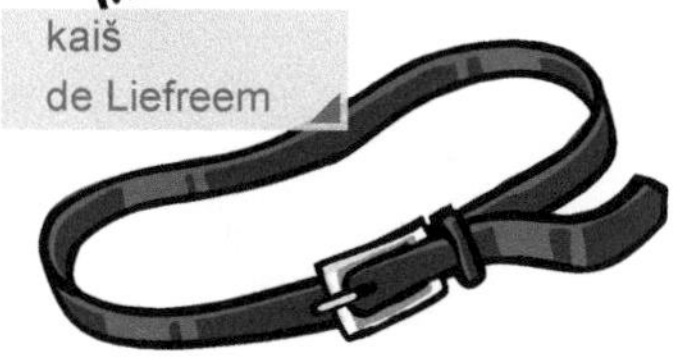

šal
dat Halsdook

kišobran
de Paraplü

kaiš
de Liefreem

majica
dat T-Shirt

patike
de Turnschoh

čizme
de Stevel

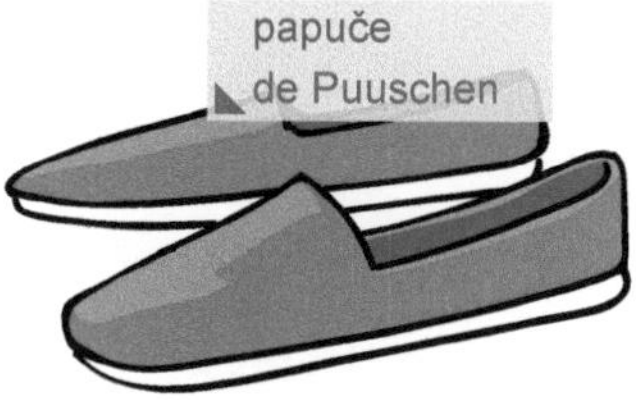

papuče
de Puuschen

sandale
de Sandalen

cipele
de Schoh

gumene čizme
de Gummistevel

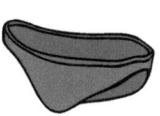

gaćice
de Ünnerbüx

grudnjak
de Bostholler

potkošulja
dat Ünnerhemd

odeća - dat Tüüch

bodi
de Lief

pantalone
de Büx

farmerke
de Jeansnüx

suknja
de Rock

bluza
de Bluus

košulja
dat Hemd

džemper
de Pullover

džemper s kapuljačom
de Kapuzenpullover

sako
de Blazer

jakna
de Jack

kaput
de Mantel

kabanica
de Övertrecker

kostim
dat Kostüm

haljina
dat Kleed

venčanica
dat Hochtietskleed

odelo

de Antog

spavaćica

dat Nachtkleed

pidžama

de Slaapantog

sari

de Sari

marama za glavu

dat Koppdook

turban

de Turban

burka

de Burka

kaftan

de Kaftan

abaja

de Abaya

kupaći kostim

de Baadantog

kupaće gaćice

de Baadbüx

kratke pantalone

de Korte Büx

odeća za trening

de Antog to'n Öven

kecelja

de Schört

rukavice

de Handschoh

dugme

de Knopp

naočare

de Brill

narukvica

dat Armband

ogrlica

de Halskeed

prsten

de Ring

naušnica

de Ohrbummel

kapa

de Mütz

vešalica

de Klederbögel

šešir

de Hoot

kravata

de Binner

patent zatvarač

de Rietslüter

kaciga

de Helm

naramenice

dat Drachtband

školska uniforma

de Schooluniform

uniforma

de Uniform

podbradak
....
de Severböten

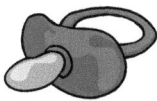

duda
....
de Snuller

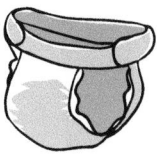

pelena
....
de Winnel

kancelarija
dat Büro

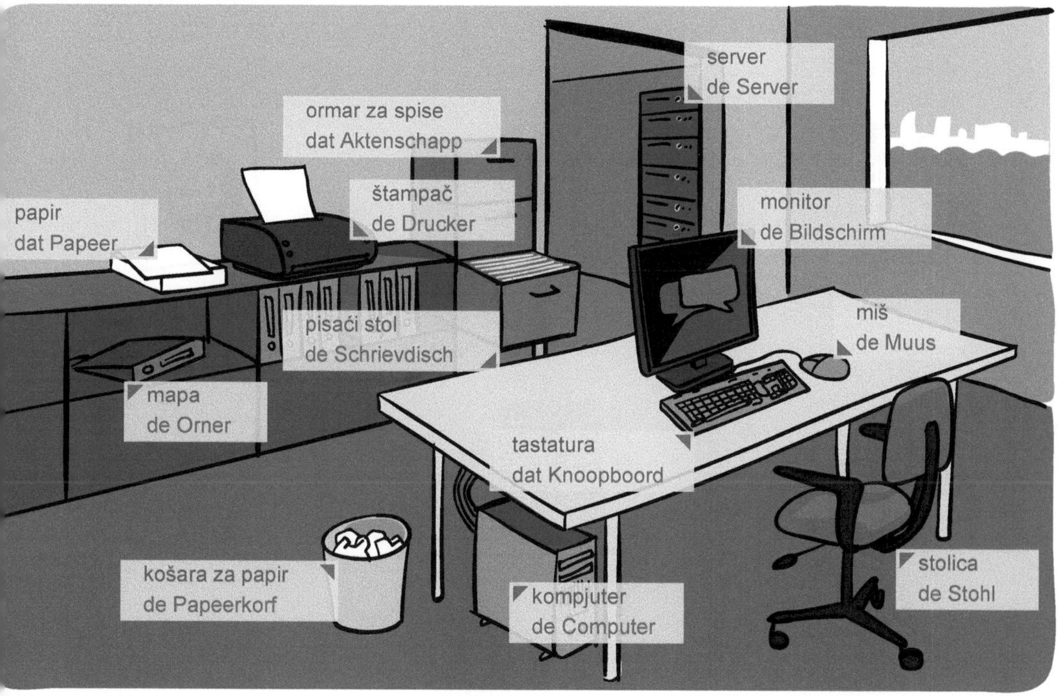

server
de Server

ormar za spise
dat Aktenschapp

štampač
de Drucker

papir
dat Papeer

monitor
de Bildschirm

pisaći stol
de Schrievdisch

miš
de Muus

mapa
de Orner

tastatura
dat Knoopboord

košara za papir
de Papeerkorf

stolica
de Stohl

kompjuter
de Computer

šalica za kavu
....
de Koffiebeker

kalkulator
....
de Taschenreekner

internet
....
dat Internet

laptop

de Klappreekner

pismo

de Breef

poruka

de Naricht

mobilni telefon

de Ackersnacker

mreža

dat Nettwark

uređaj za kopiranje

de Kopeerapparat

softver

de Software

telefon

de Klöönkassen

utičnica

de Steekdoos

faks

de Faxapparat

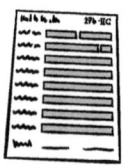

formular

dat Formulor

dokument

dat Dokument

kupovati

köpen

platiti

betahlen

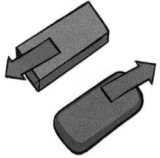

trgovati

hanneln

novac

dat Geld

dolar

de Dollar

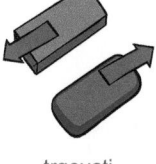 

evro

de Euro

jen

de Yen

rublja

de Ruvel

švajcarski franak

de Swiezer Franken

renmindbi juan

de Renminbi Yuan

rupija

de Rupie

automat za novac

de Geldautomat

menjačnica

de Wesselstuuv

zlato

dat Gold

srebro

dat Sülver

nafta

dat Ööl

energija

de Energie

cena

de Pries

ugovor

de Verdrag

porez

de Stüer

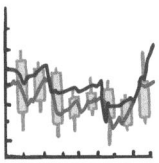

deonica

de Andeelschien

raditi

arbeiden

službenik

de Anstellte

poslodavac

de Arbeitgever

fabrika

de Fabrik

prodavnica

de Hökerie

zanimanja
de Profeschonen

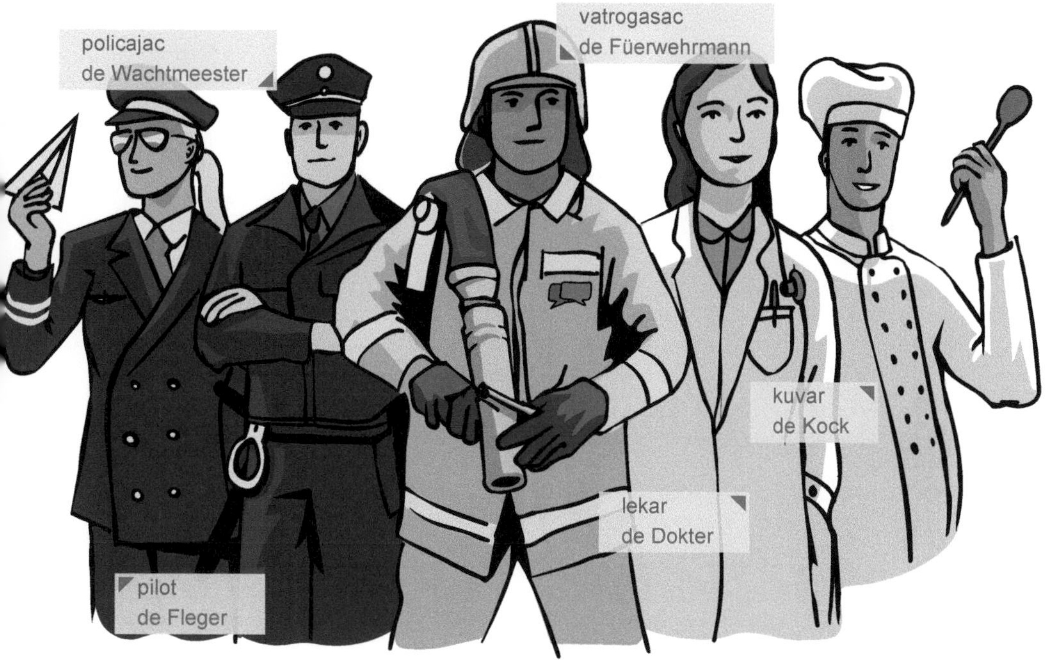
policajac
de Wachtmeester
vatrogasac
de Füerwehrmann
kuvar
de Kock
lekar
de Dokter
pilot
de Fleger

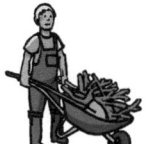

vrtlar

de Goorner

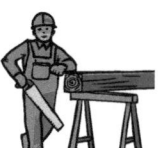

stolar

de Discher

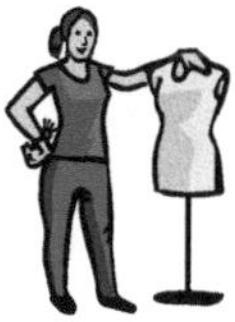

krojačica

de Neihersche

sudija

de Richter

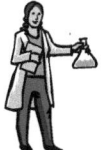

hemičar

de Chemiker

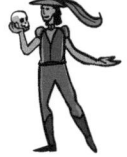

glumac

de Schauspeler

vozač autobusa

de Busfohrer

vozač taksija

de Taxifohrer

ribar

de Fischer

čistačica

de Reinmaakfru

krovopokrivač

de Dackdecker

konobar

de Kellner

lovac

de Jäger

slikar

de Maler

pekar

de Bäcker

električar

de Elektriker

građevinski radnik

de Buarbeider

inženjer

de Ingenieur

mesar

de Slachter

limar

de Klempner

poštar

de Postbüdel

vojnik

de Suldat

arhitekta

de Architekt

blagajnik

de Kasserer

cvećar

de Florist

frizer

de Putzbüdel

kondukter

de Schaffner

mehaničar

de Mechaniker

kapetan

de Kaptein

zubar

de Tähndokter

naučnik

de Wetenschopler

rabi

de Rabbi

imam

de Imam

monah

de Mönk

svećenik

de Paap

alati
dat Warktüüch

čekić
de Hamer
klešta
de Tang
odvijač
de Schruvendreiher
ključ za zavrtnje
de Schruvenslötel
džepna lampa
de Taschenlamp

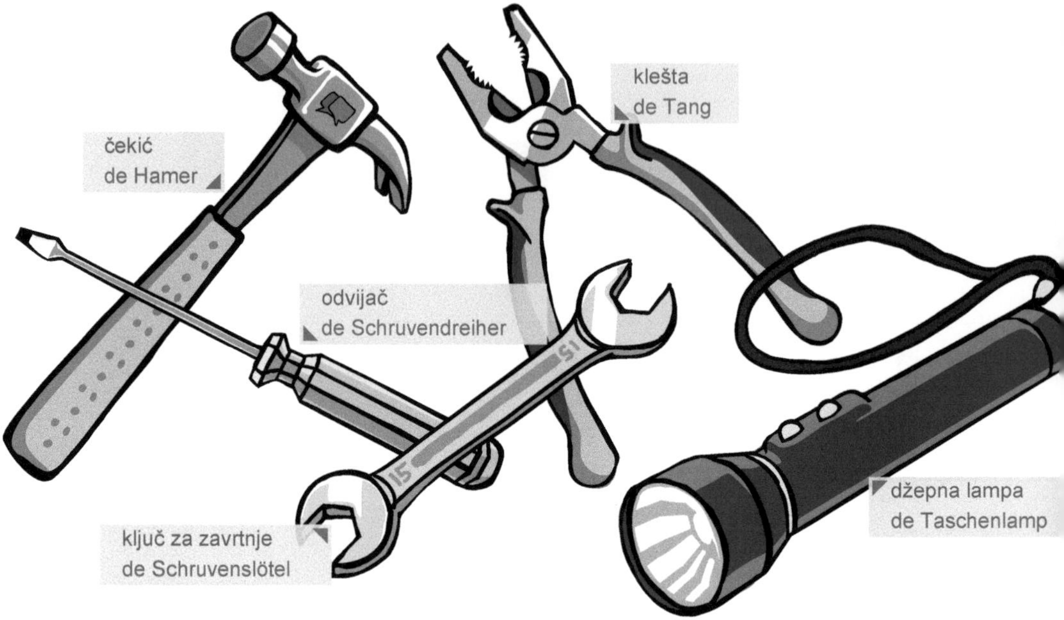

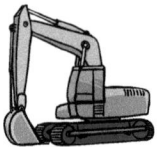

bager

de Grieper

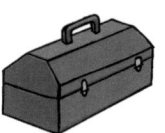

kutija za alat

de Warktüüchkassen

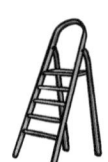

merdevine

de Ledder

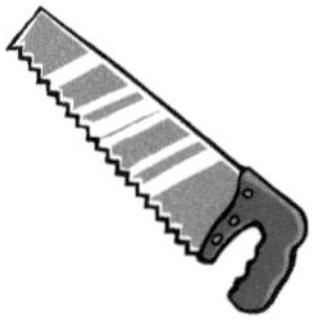

pila

de Saag

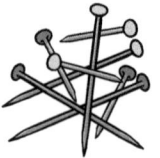

ekser

de Nagels

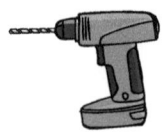

bušilica

de Bohrer

popraviti

heelmaken

lopata

de Schüffel

do đavola!

Schiet!

lopatica

dat Kehrblick

lonac za boju

de Farvpott

zavrtanji

de Schruven

muzički instrument
de Musikinstrumenten

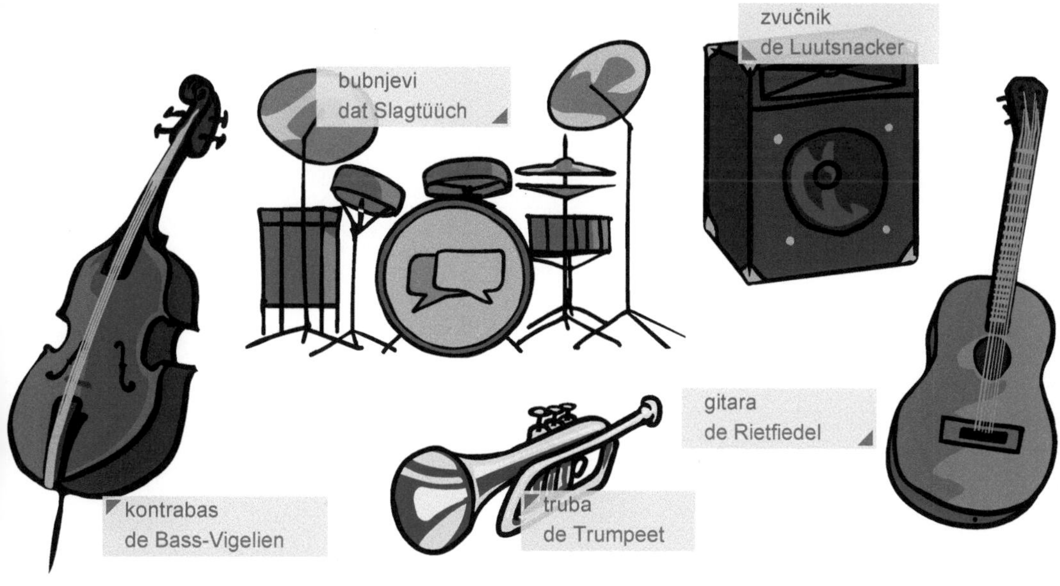

zvučnik
de Luutsnacker

bubnjevi
dat Slagtüüch

kontrabas
de Bass-Vigelien

truba
de Trumpeet

gitara
de Rietfiedel

klavir

dat Klaveer

violina

de Vigelien

bas

de Bass

timpani

de Pauk

udaraljke za bubnjeve

de Trummeln

tipke klavira

dat Keyboard

saksofon

dat Saxophon

flauta

de Fleut

mikrofon

dat Mikrofoon

zoološki vrt
de Deertenpark

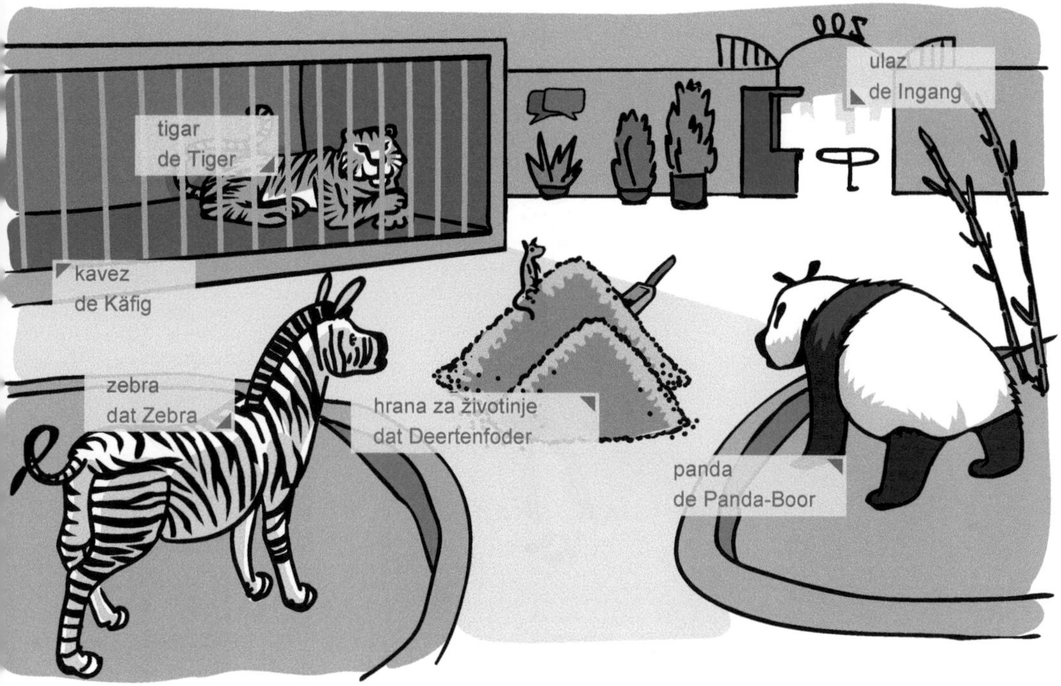

ulaz
de Ingang
tigar
de Tiger
kavez
de Käfig
zebra
dat Zebra
hrana za životinje
dat Deertenfoder
panda
de Panda-Boor

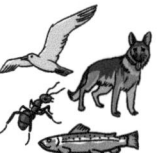

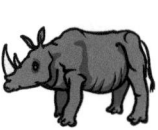

životinje
de Deerten

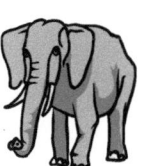

slon
de Elefant

kengur
dat Känguru

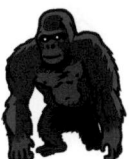

nosorog
dat Neeshoorn

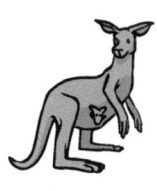

gorila
de Gorilla

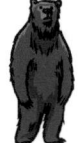

medved
de Boor

kamila

dat Kameel

noj

de Struuß

lav

de Lööv

majmun

de Aap

flamingo

de Flamingo

papagaj

de Papagoi

polarni medved

de lesboor

pingvin

de Pinguin

ajkula

de Haifisch

paun

de Pageluun

zmija

de Slang

krokodil

dat Krokodil

čuvar u zoološkom vrtu

de Oppasser in'n
Deertenpark

tuljan

de Saalhund

jaguar

de Jaguor

poni
dat Pony

leopard
de Leopard

nilski konj
dat Nilpeerd

žirafa
de Giraff

orao
de Aadler

divlja svinja
dat Wildswien

riba
de Fisch

kornjača
de Schildkrööt

morž
dat Walross

lisica
de Voss

gazela
de Gazell

američki nogomet
de Amerikaansch Football

biciklizam
dat Radfohren

tenis
dat Tennis

košarka
de Korfball

plivanje
dat Swümmen

boks
dat Boxen

hokej na ledu
dat Ieshockey

fudbal
de Football

badminton
dat Fedderball

atletika
de Leichtathletik

rukomet
de Handball

skijanje
dat Skilopen

polo
dat Polo

aktivnosti
de Aktivitäten

skočiti
springen
zagrliti
ümarmen
smejati se
lachen
ići
gahn
pevati
singen
sanjati
drömen
moliti se
beden
poljubiti
snuteln

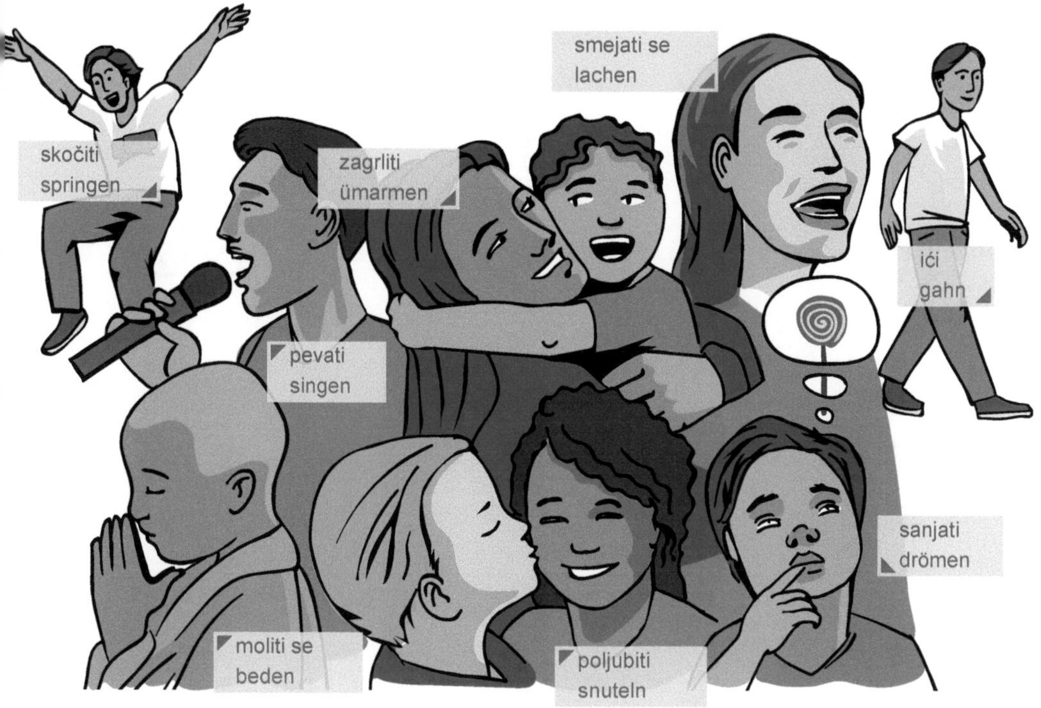

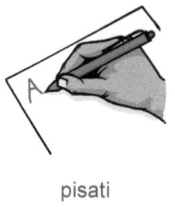

pisati

schrieven

crtati

teken

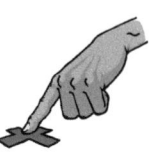

pokazati

wiesen

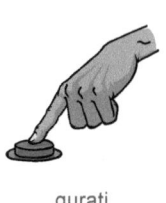

gurati

drücken

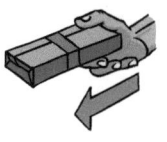

dati

geven

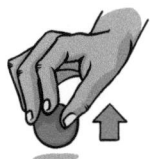

uzeti

nehmen

imati

hebben

činiti

doon

biti

sien

stojati

stahn

trčati

lopen

povlačiti

trecken

baciti

smieten

padati

fallen

ležati

liggen

čekati

töven

nositi

dregen

sediti

sitten

oblačiti

antrecken

spavati

slapen

probuditi se

opwaken

gledati

ankieken

plakati

wenen

milovati

eien

češljati

kämmen

govoriti

snacken

razumeti

verstahn

pitati

fragen

slušati

hören

piti

drinken

jesti

eten

pospremiti

oprümen

voleti

leefhebben

kuhati

kaken

voziti

fohren

leteti

flegen

ploviti

segeln

računati

reken

čitati

lesen

učiti

lehren

raditi

arbeiden

venčati se

de Plünnen tohoopsmieten

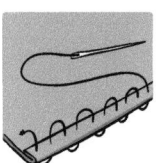

šiti

neihen

prati zube

Tähnen putzen

ubiti

dootmaken

pušiti

smöken

poslati

schicken

baka
de Grootmoder

deda
de Grootvadder

otac
de Vadder

majka
de Moder

beba
dat Winnelkind

kćerka
de Dochter

sin
de Söhn

gost

de Gast

tetka

de Tant

ujak, stric

de Unkel

brat

de Broder

sestra

de Süster

telo
de Lief

čelo
de Vörkopp
oko
dat Oog
rame
de Schuller
prst
de Finger
lice
dat Gesicht
brada
dat Kinn
ruka
de Hand
noga
dat Been
grudi
de Bost
ruka
de Arm

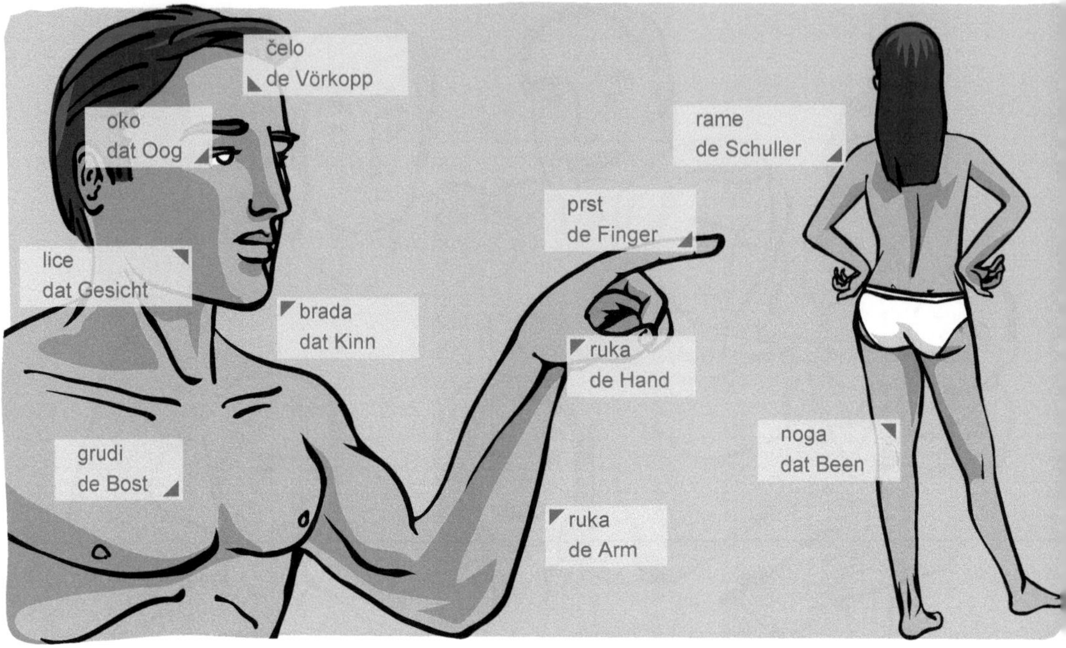

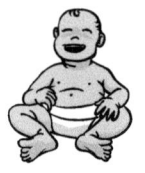

beba
dat Winnelkind

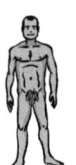

muškarac
de Mann

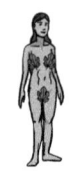

žena
de Fro

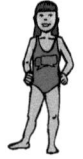

devojčica
de Deern

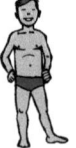

dečak
de Jung

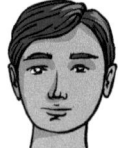

glava
de Arm

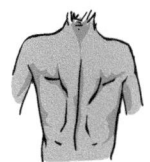

leđa

de Rüch

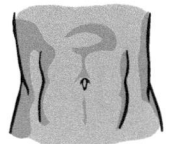

stomak

de Buuk

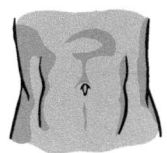

pupak

de Navel

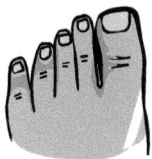

nožni prst

de Teh

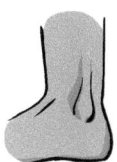

peta

de Hack

kost

de Knaken

kukovi

de Hüft

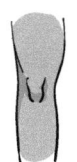

koleno

dat Knee

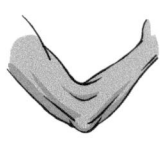

lakat

de Ellbagen

nos

de Nees

zadnjica

de Achtersen

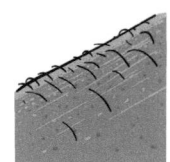

koža

de Huut

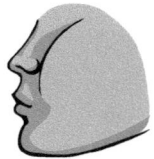

obraz

de Back

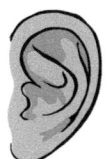

uvo

dat Ohr

usna

de Lipp

telo - de Lief

usta

de Mund

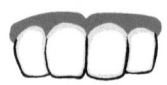

zub

de Tähn

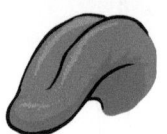

jezik

de Tung

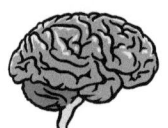

mozak

de Bregen

srce

dat Hart

mišić

de Muskel

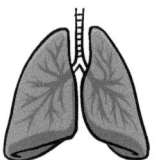

pluća

de Lung

jetra

de Lever

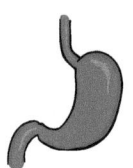

želudac

de Maag

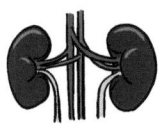

bubrezi

de Neren

polni odnos

de Bislaap

kondom

dat Kondoom

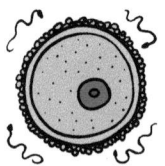

jajna ćelija

de Eizell

sperma

dat Sperma

trudnoća

de Anner Ümstänn

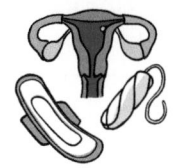

menstruacija
de Menstruatschoon

vagina
de Scheed

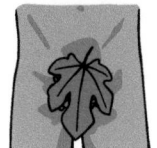

penis
de Pint

obrva
de Ogenbroe

kosa
dat Hoor

vrat
de Hals

bolnica
dat Krankenhuus

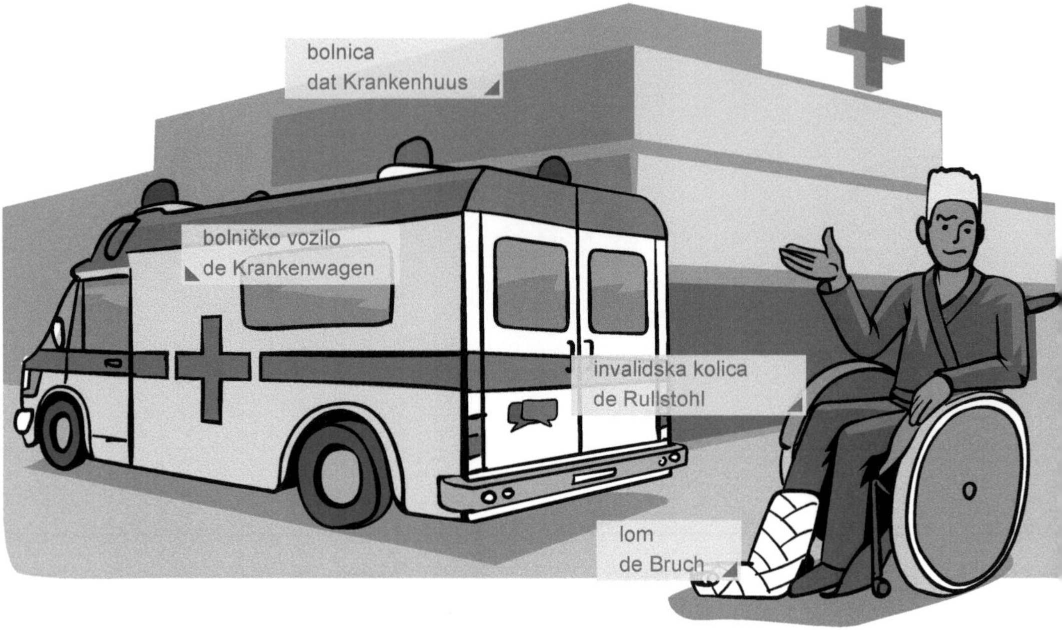

bolnica
dat Krankenhuus
bolničko vozilo
de Krankenwagen
invalidska kolica
de Rullstohl
lom
de Bruch

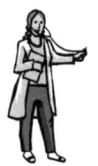

lekar

de Dokter

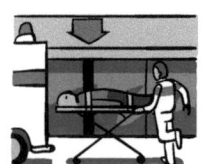

hitna medicinska služba

de Nootopnahm

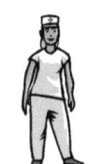

medicinska sestra

de Krankensüster

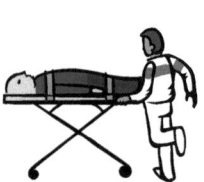

hitni slučaj

de Nootfall

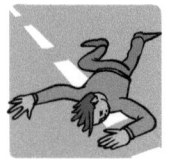

nesvest

ahnmächtig

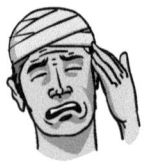

bol

de Wehdaag

povreda

de Verwunnen

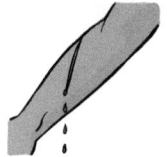

krvarenje

de Blöden

srčani udar

de Hartinfarkt

udar

de Slaganfall

alergija

de Allergie

kašalj

de Hoosten

groznica

dat Fever

gripa

de Gripp

proliv

de Dörchfall

glavobolja

de Koppwehdaag

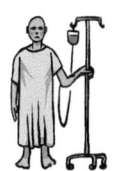

rak

de Kreeft

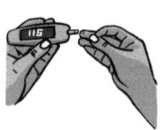

dijabetes

de Zuckersüük

hirurg

de Chirurg

skalpel

dat Chirurgsch Mess

operacija

de Operatschoon

ct
dat CT

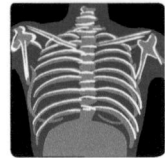

rentgen
de Dörchlüchten

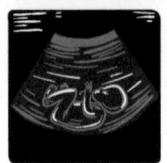

ultrazvuk
de Ultraschall

maska
de Mask

bolest
de Krankheit

čekaona
de Töövruum

štaka
de Krück

flaster
dat Plaaster

zavoj
de Verband

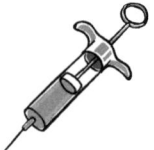

injekcija
de Insprütten

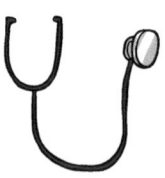

stetoskop
dat Stethoskop

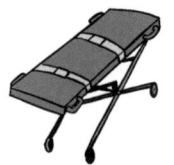

nosila
de Draag

termometar
dat Feverthermometer

rođenje
de Geboort

prekomerna težina
dat Övergewicht

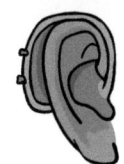

slušni aparat

de Höörapparat

sredstvo za dezinfekciju

dat Kiemfriemiddel

infekcija

de Ansteken

virus

de Virus

HIV / AIDS

dat HIV / AIDS

medicina

dat Heelmiddel

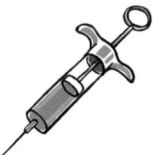

vakcinacija

de Impen

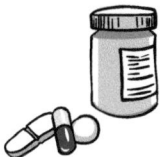

tablete

de Tabletten

pilula

de Pill

hitni poziv

de Nootroop

uređaj za merenje pritiska

de Blootdruck-Meter

bolesno / zdravo

krank / gesund

pomoć!

Hölp!

alarm

de Alarm

nasrtaj

de Överfall

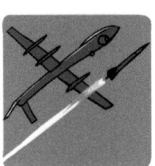

napad

de Angreep

opasnost

de Gefohr

izlaz u slučaju nužde

de Nootutgang

požar!

dat Füer!

protivpožarni aparat

de Füerlöscher

nezgoda

de Unfall

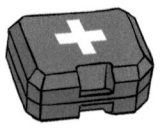

kutija prve pomoći

de Noothölpkoffer

sos

SOS

policija

de Polizei

Evropa

Europa

Severna Amerika

Noordamerika

Južna Amerika

Süüdamerika

Afrika

Afrika

Azija

Asien

Australija

Australien

Atlantik

de Atlantik

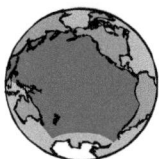

Pacifik

de Pazifik

Indijski okean

dat Indisch Weltmeer

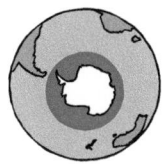

Antarktički okean

dat Antarktisch Weltmeer

Arktički ocean

dat Arktisch Weltmeer

Severni pol

de Noordpol

Južni pol
de Süüdpol

Antarktik
de Antarktis

zemlja
de Eerd

zemlja
dat Land

more
de See

otok
dat Eiland

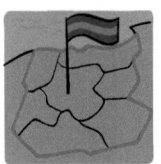

nacija
de Natschoon

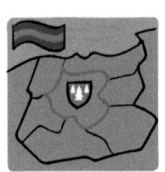

država
de Staat

brojčanik sata

dat Tallenblatt

satna kazaljka

de Stunnenwieser

minutna kazaljka

de Minutenwieser

sekundna kazaljka

de Sekunnenwieser

Koliko je sati?

Wo laat is dat?

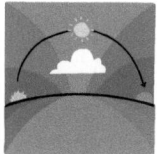

dan

de Dag

vreme

de Tiet

sada

nu

digitalni sat

de digetaalsch Klock

minuta

de Minuut

čas

de Stunn

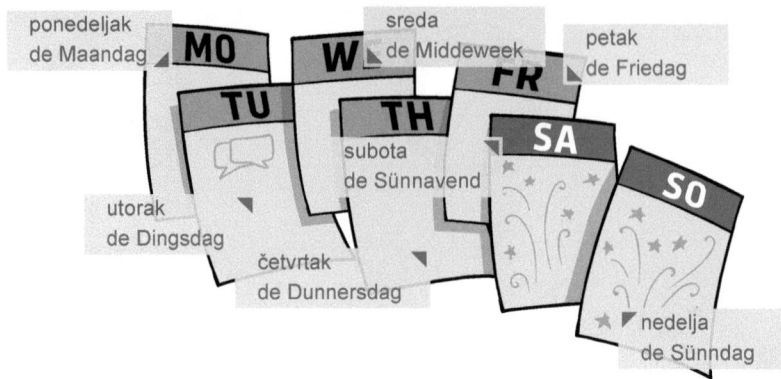

ponedeljak
de Maandag

sreda
de Middeweek

petak
de Friedag

utorak
de Dingsdag

subota
de Sünnavend

četvrtak
de Dunnersdag

nedelja
de Sünndag

juče

güstern

danas

hüüt

sutra

morgen

jutro

de Morgen

podne

de Meddag

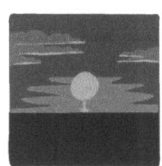

veče

de Avend

radni dani

de Arbeitsdaag

vikend

dat Wekenenn

godina

dat Johr

duga
de Regenbagen
kiša
de Regen
vetar
de Wind
sneg
de Snee
proleće
dat Fröhjohr
jesen
de Harvst
leto
de Sommer
zima
de Winter

4.APRIL 11°
5.APRIL 4°
6.APRIL 13°
7.APRIL 8°
8.APRIL 10°

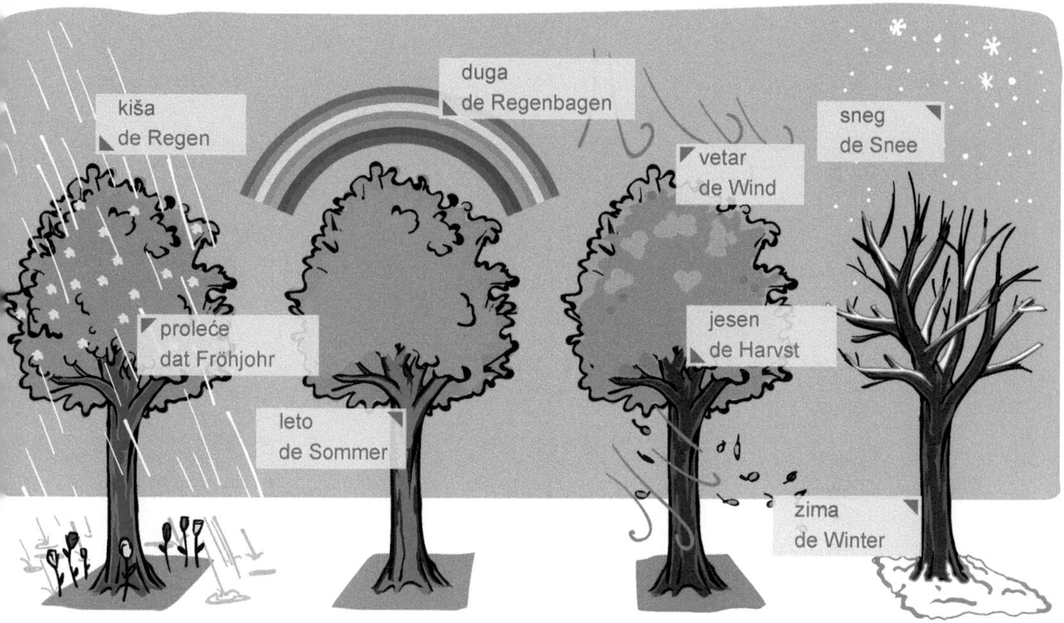

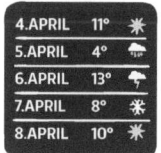

meteorološka prognoza
de Wedervörhersaag

F C
120 90 60 30 0 -30
40 30 20 10 0 -10 -20

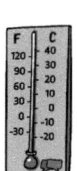

termometar
dat Thermometer

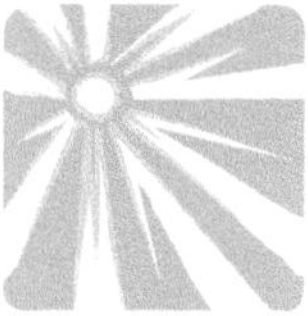

sunčana svetlost
de Sünnenschien

oblak
de Wulk

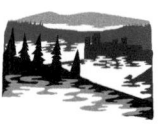

magla
de Nevel

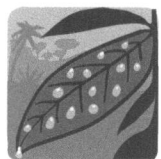

vlažnost vazduha
de Luftfuchtigkeit

munja

de Blitz

grmljavina

de Dunner

oluja

de Storm

tuča

de Hagel

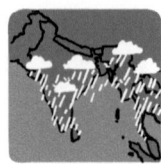

monsun

de Monsun

poplava

de Floot

led

dat Ies

januar

de Januormaand

februar

de Februormaand

mart

de Martmaand

april

de Aprilmaand

maj

de Maimaand

juni

de Junimaand

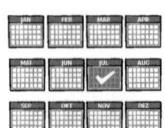

juli

de Julimaand

avgust

de Augustmaand

septembar

de Septembermaand

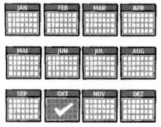

oktobar

de Oktobermaand

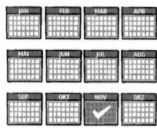

novembar

de Novembermaand

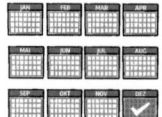

decembar

de Dezembermaand

oblici

de Formen

krug

de Krink

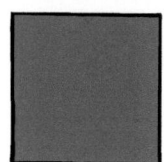

kvadrat

dat Quadrat

pravougao

dat Rechteck

trougao

dat Dreeeck

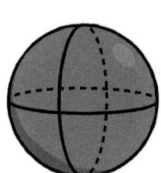

kugla

de Kugel

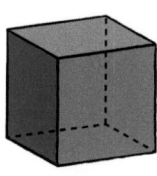

kocka

de Wörpel

bela

witt

žuta

geel

narandžasta

orangsch

ružičasta

pink

crvena

root

ljubičasta

lila

plava

blau

zelena

gröön

smeđa

bruun

siva

gries

crna

swart

mnogo / malo

veel / wenig

ljutito / mirno

böös / verdreeglich

lepo / ružno

smuck / mies

početak / kraj

de Begünn / dat Enn

veliko / maleno

groot / lütt

svetlo / tamno

hell / düüster

brat / sestra

de Broder / de Süster

čisto / prljavo

schier / schietig

potpuno / nepotpuno

kumpleet / nich kumpleet

dan / noć

de Dag / de Nacht

mrtvo / živo

doot / lebennig

široko / usko

breet / small

jestivo / nejestivo

geneetbor / nich geneetbor

zlo / dobro

böös / fründlich

uzbuđeno / dosadno

fickerig / langwielt

debelo / mršavo

dick / dünn

na početku / na kraju

toeerst / toletzt

prijatelj / neprijatelj

de Fründ / de Fiend

puno / prazno

vull / leddig

tvrdo / mekano

hart / week

teško / lagano

swoor / licht

glad / žeđ

de Smacht / de Döst

bolesno / zdravo

krank / gesund

ilegalno / legalno

nich na't Recht / na't Recht

pametno / glupo

klook / dummerhaftig

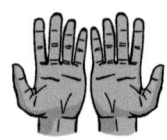

levo / desno

linkerhand / rechterhand

blizu / daleko

neeg / feern

novo / polovno
nieg / bruukt

ništa / nešto
nix / wat

staro / mlado
oolt / jung

uključeno / isključeno
an / ut

otvoreno / zatvoreno
apen / slaten

tiho / glasno
lies / luut

bogato / siromašno
riek / arm

tačno / pogrešno
richtig / verkehrt

hrapavo / glatko
ruug / glatt

tužno / sretno
trurig / glücklich

kratko / dugo
kort / lang

polako / brzo
suutje / flink

mokro / suho
natt / dröög

toplo / hladno
warm / köhl

rat / mir
de Krieg / de Freden

de Tallen

0

nula

null

1

jedan

een

2

dva

twee

3

tri

dree

4

četiri

veer

5

pet

fief

6

šest

söss

7

sedam

söven

8

osam

acht

9

devet

negen

10

deset

teihn

11

jedanaest

ölven

12

dvanaest

twölf

13

trinaest

dörteihn

14

četrnaest

veerteihn

15

petnaest

föffteihn

16

šestnaest

sössteihn

17

sedamnaest

söventeihn

18

osamnaest

achtteihn

19

devetnaest

negenteihn

20

dvadeset

twintig

100

stotinu

hunnert

1.000

hiljadu

dusend

1.000.000

milion

million

engleski

dat Engelsch

američki engleski

dat Amerikaansch Engelsch

mandarinski kineski

dat Chineesch Mandarin

hindski

dat Hindi

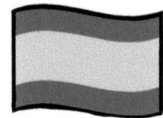

španski

dat Spaansch

francuski

dat Franzöösch

arapski

dat Araabsch

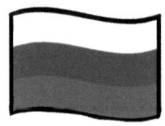

ruski

dat Rusch

portugalski

dat Portugiesch

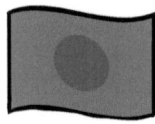

bengalski

dat Bengaalsch

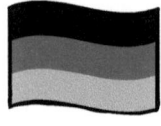

nemački

dat Düütsch

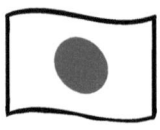

japanski

dat Japaansch

ja
....
ik

ti
....
du

on / ona / ono
....
he / se / dat

mi
....
wi

vi
....
ji

oni
....
se

Ko?
....
keen?

Šta?
....
wat?

Kako?
....
woans?

Gde?
....
woneem?

Kada?
....
wannehr?

ime
....
de Naam

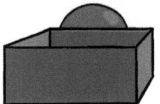

iza

achter

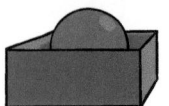

u

in

ispred

vör

preko

över

na

op

ispod

ünner

pored

blangen

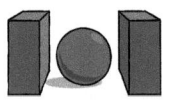

između

twüschen

mesto

de Oort